Versichern leicht gemacht –

Die besten Versicherungstipps im Überblick

Der Autor: Torsten Hauschild ist Diplom-Kaufmann, Certified-Business-Teacher, DGQ-Qualitätsbeauftragter und interner Auditor sowie Versicherungsfachmann (BWV). Er ist vielseitig interessiert und gibt sein Wissen gerne an andere weiter. Neben IT und Wirtschaft beschäftigt er sich mit einer Vielzahl an Themen.

Versichern leicht gemacht – Die besten Versicherungstipps im Überblick

Autor: Torsten Hauschild

Verlag: Books on Demand GmbH

© 2014 Herstellung und Verlag:

Books on Demand GmbH, Norderstedt

ISBN: 978-3-7386-06331

Inhaltsverzeichnis

1. Einführung
2. Die Haftpflichtversicherung
3. Die Hausratversicherung
4. Die Rechtsschutzversicherung
5. Die KFZ-Versicherung
6. Die Wohngebäude-versicherung
7. Die Unfallversicherung
8. Die Krankenversicherung
9. Die Pflegeversicherung
10. Die Lebensversicherung
11. Die Basisrentenversicherung

12. Die Riester-Rentenversicherung
13. Die konventionelle private Rentenversicherung
14. Die Berufsunfähigkeitsversicherung
15. Vermögenswirksame Leistungen
16. Fazit

1. Einführung

Dieses Buch gibt einen kurzen und knappen Überblick über die gängigen Versicherungen für Privatleute in Deutschland. Es stellt im kurzen Überblick die wichtigsten Versicherungen vor. Es soll Privatpersonen bei der Auswahl von Versicherungen helfen und den Nutzen dieser Versicherungen in komprimierter Form deutlich machen. Industrieversicherungen werden in diesem Buch nicht behandelt.

2. Die Haftpflichtversicherung

Die Privathaftpflichtversicherung gehört zu den wichtigsten, elementaren Versicherungen. Sie sichert das Risiko ab, für einen Schaden haften zu müssen, den eine Privatperson jemand anderem zufügt. Nach § 823 BGB haften Privatpersonen für Schäden, die sie anderen zu fügen.

Das gilt z.B. wenn Sie aus Versehen das Eigentum von jemand anderen beschädigen. Ein typisches Beispiel ist es, wenn Sie einen Besuch machen und unabsichtlich eine Vase umstoßen. Wenn diese Vase dadurch Schaden nimmt, handelt es sich um einen Haftpflichtschaden. Versichert ist hierbei immer der Zeitwert (nicht der Neuwert).

Wenn Dinge durch Obsolenz (Alterung) kaputt gehen oder mit Absicht zerstört werden, handelt es sich nicht um einen Haftpflichtschaden (d.h. In diesen Fällen zahlt die Versicherung nicht).

Auch ist die Haftpflichtversicherung nicht verantwortlich für eigene Dinge, die durch eigene Ungeschicklichkeit entzwei gehen, sondern nur für die Fremdschäden (für die Haftpflicht besteht).

Für Familien sind Familienhaftplichtversicherungen möglich. Mann, Frau und Kinder können hier zu einem günstigen Familientarif versichert werden. Kinder können hier bis zu einem Alter von 25 Jahren mit versichert werden.

Grobe Fahrlässigkeit ist normalerweise in der Haftpflichtversicherung nicht versichert. Um grobe Fahrlässigkeit handelt es sich, wenn Sie zu Fuß bei rot über die Ampel gehen und deswegen ein Unfall passiert. In diesem Fall haften Sie für den Unfallschaden (also müssen diesen bezahlen).

Eine Haftpflichtversicherung übernimmt diesen Unfallschaden, wenn grobe Fahrlässigkeit mit versichert ist. Grobe Fahrlässigkeit versichern manche Versicherer gegen einen Aufpreis.

Haftpflichtversicherungen können in der Steuererklärung als Sonderausgaben von der Einkommensteuer abgesetzt werden.

Eine Hundehalterhaftpflichtversicherung kann für die Halter von (möglicherweise bissigen oder unberechenbaren) Hunden sinnvoll sein.

Sie übernimmt u.a. die Schäden, die durch Hundebisse entstehen können (Schadenersatz, Arztkosten).

3. Die Hausratversicherung

In der Hausratversicherung können Sie den Verlust Ihres Hausrates absichern. Hausrat ist hierbei alles, was herausfallen würde, wenn Sie Ihre Wohnung oder Ihr Haus auf den Kopf stellen würden. Versichert ist hierbei immer der Neuwert (nicht der Zeitwert).

Versichert ist der Hausrat gegen die Gefahren Feuer, Wasser, Sturm und Hagel, Einbruch, Diebstahl, sowie eventuell Glasschäden und Vandalismus.

Auch in der Hausratversicherung ist grobe Fahrlässigkeit normalerweise nicht mit versichert, kann aber bei manchen Versicherern gegen Aufpreis versichert werden. Grobe Fahrlässigkeit kann z.B. sein, wenn Sie Ihre Wohnung verlassen, während die Waschmaschine oder Spülmaschine läuft.

Läuft die Waschmaschine in diesem Fall aus, während Sie nicht da sind, kann dieser Hausratschaden von Ihrer Versicherung mit dem Hinweis auf grobe Fahrlässigkeit abgelehnt werden. Ist grobe Fahrlässigkeit mit versichert, erstattet Ihre Versicherung den Hausratschaden in der Regel.

4. Die Rechtsschutzversicherung

Die Rechtsschutzversicherung übernimmt die Kosten von Rechtsstreitigkeiten des Rechtsschutzkunden. Die Rechtsschutzversicherung übernimmt hierbei Anwalt- und Prozesskosten nach Vereinbarung.

Rechtsschutz können Sie in den Bereichen Privatschutz, Arbeit, Verkehr sowie Wohnung- und Grundstückseigentum absichern.

Privatrechtsschutz schützt Sie davor, dass Sie z.B. unschuldig ins Gefängnis kommen.

Beim Bereich Arbeit unterscheidet man Rechtsschutz für Angestellte und Selbstständige. Angestellte mit einer solchen Rechtsschutzpolice können sich z.B. gegen unberechtigte Kündigungen wehren. Selbstständige können sich mit Hilfe von Rechtsschutz z.B. gegen die

Nichteinhaltung von Werkverträgen wehren.

Im Bereich Verkehr bieten Rechtsschutzversicherungen z.B. Schutz bei Rechtsstreitigkeiten wegen Unfällen.

Im Bereich Wohnung und Grundstück ist Rechtsschutz für Mieter oder Eigentümer möglich. Rechtsschutz für Mieter kann z.B. vor unberechtigten Mieterhöhungen oder unberechtigten Kündigungen des Mietvertrages schützen.

Rechtsschutz für Eigentümer im Bereich Wohnung und Grundstück kann beispielsweise Rechtsschutz vor Streitigkeiten mit Behörden bieten.

Wird ein Rechtsschutzkunde besonders häufig in Rechtsstreitigkeiten verwickelt, kann ihm die Rechtsschutzversicherung kündigen.

Gegen einen Aufpreis können in der Rechtsschutzversicherung z.B. weltweite Geltung oder eine unbegrenzte Deckungssumme abgesichert werden (in Standardverträgen sind diese Extras nicht enthalten).

5. Die KFZ-Versicherung

Die KFZ-Versicherung umfasst verschiedene Versicherungen im Bereich der Fahrzeuge. Diese Versicherungen sind die KFZ-Haftpflichtversicherung, sowie die Teilkasko und Vollkasko.

Die KFZ-Haftpflichtversicherung versichert den Fahrzeughalter gegen Schadenersatzansprüche, die gegen ihn wegen seines Fahrzeuges erhoben werden können. Beispielsweise sind hierüber bei Unfällen die Schäden der Gegenseite (Sach- Personen- und Vermögensschäden) versichert. Die KFZ-Haftpflichtversicherung ist eine Pflichtversicherung. Eventuelle eigene Unfallschäden sind nicht über die KFZ-Haftpflichtversicherung versichert. Letztere können über Kaskoversicherungen abgesichert werden, auch eine Insassen-Unfallversicherung ist möglich.

Mit der Teilkasko können Wildunfälle sowie eigene, nicht unfallbedingte Schäden abgesichert werden, wie z.B. Diebstahl des Fahrzeuges, Einbruch in das Fahrzeug, Brandschäden, Glasbruchschäden oder Schmorschäden.

Die Vollkasko bietet die Möglichkeit eigene potenzielle Unfallschäden beim Fahrzeug abzusichern.

Auch in der KFZ-Versicherung ist grobe Fahrlässigkeit normalerweise nicht mit versichert. Manche Versicherer versichern grobe Fahrlässigkeit aber gegen Aufpreis.

Grobe Fahrlässigkeit in der KFZ-Versicherung liegt z.B. beim Überfahren einer Ampel vor. Unfallschäden die beim Überfahren einer roten Ampel möglicherweise entstehen, sind nicht versichert. Ist grobe Fahrlässigkeit mit versichert, übernimmt die KFZ-Haftpflicht-Versicherung auch beim Überfahren einer roten Ampel den entstandenen versicherten Schaden der Gegenseite des Unfalls (der sonst vom Unfallverursacher persönlich zu tragen wäre).

6. Die Wohngebäudeversicherung

Die Wohngebäudeversicherung bietet die Möglichkeit alles zu versichern, was mit dem Haus oder der Immobilie fest verbunden ist (ergänzend zur Hausratversicherung). Versichert werden können die Risiken Feuer, Wasser, Sturm und Hagel. Gegen Aufpreis können z.B. auch Graffitischäden und Rohrverstopfungen abgesichert werden.

Versicherer die Wohngebäudeversicherungen offerieren, bieten häufig auch dazu passende Immobilienfinanzierungen an.

7. Die Unfallversicherung

Eine Unfallversicherung ist eine Versicherung gegen Invalidität (sowie Todesfall) durch einen Unfall. Auch andere Leistungen zur finanziellen Deckung der Unfallfolgen (wie kosmetische Operationen) können in der Unfallversicherung enthalten sein. Sie ergänzt die Berufsunfähigkeitsversicherung.

Man unterscheidet die Unfallrentenversicherung von der klassischen Unfallversicherung. Bei der Unfallrentenversicherung wird nach einem Unfall mit bleibenden Schäden eine monatliche Rente gezahlt. Der Versicherte kann dann zur Rente hinzu verdienen. Bei der klassischen Unfallversicherung zahlt der Versicherer bei einer Invalidität aufgrund eines Unfalls einen Einmalbetrag.

Die Invalidität bei einem Unfall wird nach der Gliedertaxe fest gestellt.

Manche Versicherer bieten gegen einen Aufpreis eine verbesserte Gliedertaxe an (was zu höheren Leistungen führt).

Unfallversicherungen sind steuerlich absetzbar.

8. Die Krankenversicherung

Die Krankenversicherung übernimmt die Kosten für Krankenhausaufenthalte, Arztbesuche, Medikamente und zahnärztliche Behandlungen. Die gesetzliche Krankenversicherung ist für normal verdienende Angestellte eine Pflichtversicherung.
Besserverdienende, Selbstständige und Beamte können sich privat krankenversichern. Normalerweise sind in der privaten Krankenversicherung die Leistungen besser

als in der gesetzlichen Krankenversicherung. Das ist aber nicht automatisch so, sondern nur, wenn auch bessere Leistungen versichert worden sind. Es ist auch möglich in der PKV schlechtere Leistungen zu versichern als die GKV bietet.

Für gesetzlich Versicherte ist es möglich, durch private Krankenzusatzversicherungen ein besseres Versicherungsniveau zu vereinbaren, als es für sich genommen die GKV bietet.

9. Die Pflegeversicherung

Mit der gesetzlichen Pflegeversicherung sollen die Kosten für eine Pflegebedürftigkeit im Alter gedämpft werden. Sie übernimmt aber nur einen Teil der entstehenden Kosten. Die verbleibenden Kosten sind von der zu pflegenden Person zu tragen oder können auch deren Angehörigen in Rechnung gestellt werden.

Die Lücke aus den Leistungen der gesetzlichen Pflegeversicherung zu den entstehenden Kosten bei Pflegebedürftigkeit kann durch eine private Pflegezusatzversicherung geschlossen werden.

10. Die Lebensversicherung

Bei Lebensversicherungen unterscheidet man die Risiko-Lebensversicherung und die kapitalbildende Lebensversicherung. Die Risiko-Lebensversicherung sichert Familienangehörige (z.B. die Ehefrau) im Todesfall günstiger als die kapitalbildende Lebensversicherung ab. Die Risiko-Lebensversicherung zahlt im Todesfall einen bestimmten Betrag aus. Sie ist eine Möglichkeit zur Absicherung für junge Familien.

Die kapitalbildende Lebensversicherung ist ein Sparvertrag, der einen Todesfallschutz beinhaltet. Das Kapital wird im Erlebensfall an den Sparer (Versicherten) oder im Todesfall an einen begünstigten Angehörigen ausgezahlt. Bei der kapitalbildenden Lebensversicherung gibt es eine festgelegte Garantieverzinsung, die der Versicherer mindestens erwirtschaften muss. Dazu kommen Überschüsse und der Schlussgewinnanteil.

Lebensversicherer können in festverzinsliche Wertpapiere, Immobilien und zu einem kleinen Teil in Aktien investieren. Der Großteil der Beiträge wird aber in festverzinsliche Wertpapiere angelegt.

Die Kapitalabfindung, die der Versicherte der Lebensversicherer im Erlebensfall erhält kann in eine Rente umgewandelt werden.

11. Die Basisrentenversicherung

Die Basisrentenversicherung ist eine Rentenversicherung, bei der das angesparte Kapital am Ende der Laufzeit als Rente ausgezahlt wird. Der Versicherte hat dann bei Auszahlung eine Basisrente zusätzlich zu einer eventuellen gesetzlichen Rente.

Bei einer Basisrentenversicherung ist keine Kapitalabfindung möglich. Die Basisrente wird immer als Rente (wiederkehrende Zahlung) ausgezahlt.

Die Basisrente ist Hartz IV-geschützt, d.h. das angesparte Kapital in der Basisrente wird nicht auf das Schonvermögen bei Hartz IV angerechnet.

Die Basisrente ist auch insolvenzgeschützt, d.h. bei Privatinsolvenz fällt die Basisrente nicht in die Insolvenzmasse.

Sie können bei der Basisrentenversicherung zwischen einer garantierten Ablaufleistung (inkl. Überschüsse) oder einem Vertrag auf Fondsbasis wählen. Bei der fondsbasierten Variante können Aktienfonds hinterlegt werden. Hier gibt es keine garantierte Ablaufleistung. Aber die Rente kann auch höher ausfallen, als in der Variante mit der garantierten Ablaufleistung.

In der Ansparphase können die Beiträge zur Basisrente teilweise von der Steuer abgesetzt werden. Die Basisrente ist also ein Steuersparmodell.

12. Die Riester-Rentenversicherung

Die Riester-Rente ist eine staatlich geförderte Rentenversicherung in Deutschland. Die Beiträge zur Riester-Rente können von der Steuer abgesetzt werden. Darüber hinaus gibt es für Riester-Verträge staatliche Zulagen (gestaffelt in Grundzulage und Kinderzulagen). Die Zulagen werden auf den Steuervorteil angerechnet.

Die Riester-Rente wird in der Bezugsphase zusätzlich zu anderen Renten gezahlt. Wie bei anderen Rentenversicherungen versichern die Versicherer bei der Riester-Rente das sogenannte Langlebigkeitsrisiko. D.h. unabhängig davon, wie alt der Versicherte wird, bekommt er in der Bezugsphase bis an sein Lebensende die Riester-Rente.

Bei der Riester-Rente ist gesetzlich garantiert, dass mindestens die eingezahlten Beiträge zur Auszahlung kommen. Überschüsse sind möglich (und erwünscht).

Die Riester-Rente ist Hartz IV-geschützt, d.h. das angesparte Kapital in der Basisrente wird nicht auf das Schonvermögen bei Hartz IV angerechnet.

Die Riester-Rente ist auch insolvenzgeschützt, d.h. bei Privatinsolvenz fällt die Basisrente nicht in die Insolvenzmasse.

13. Die konventionelle private Rentenversicherung

Die konventionelle private Rentenversicherung ist ein Sparvertrag im Versicherungsmantel, bei deren Ablauf Sie zwischen einer Kapitalabfindung und einer lebenslangen Rente wählen können.

Der Versicherte kann zwischen einer fondsbasierten Variante und einer Variante mit Ablaufgarantie (zuzüglich Überschüsse) wählen.

Private Rentenversicherungen unterscheiden sich dahingehend von konventionellen kapitalbildenden Lebensversicherungen, indem sie keinen festgelegten Todesfallschutz beinhalten. Begünstigte Hinterbliebene erhalten in der Rentenversicherung den Zeitwert des Vertrages. Auch ist es möglich, dass bei einem Todesfall des Versicherten in der Bezugsphase der Rente, die Rente für die Dauer der Rentengarantiezeit an den Hinterbliebenen weiter gezahlt wird.

Im Erlebensfall wird die Rente aus der Rentenversicherung lebenslang (über die Rentengarantiezeit hinausgehend) an den Versicherten gezahlt.

Die Rente wird zusätzlich zu anderen Renten gezahlt. Ein Privatrentner kann beliebig viele Renten beziehen.

14. Die Berufsunfähigkeitsversicherung (BU)

Die Berufsunfähigkeitsversicherung ist eine Versicherung, die den Verlust der Arbeitsfähigkeit absichert. In diesem Fall erhält der Versicherte Berufsunfähigkeitsrente.

Die Berufsunfähigkeitsversicherung gehört zu den wichtigsten, elementaren Versicherungen.

Einen BU-Vertrag kann nur eine gesunde Privatperson abschließen. Kranke Personen, die sich versichern wollen, erhalten keinen Versicherungsschutz. Es empfiehlt sich daher, dieses Risiko in jungen Jahren abzusichern.

Wird Berufsunfähigkeit im Rahmen einer Basisrente abgesichert, sind die Beiträge teilweise steuerlich absetzbar.

15. Vermögenswirksame Leistungen (VL)

Vermögenswirksame Leistungen sind Leistungen, die manche Arbeitgeber zusätzlich zum Gehalt anbieten. Sie dienen der Vermögensbildung. Werden sie nicht angelegt, verfallen sie. Sie sollten in ihren Arbeitsvertrag nachsehen, ob ihnen vermögenswirksame Leistungen zustehen. Versicherungen bieten normalerweise die Anlage in Bausparverträge oder Fondssparen in VL an.

16. Fazit

In diesem Buch sind nicht alle Einzelheiten, Ausnahmen und Spezialfälle von Versicherungen erläutert, da Ihnen dieser Text nur einen kurzen Überblick über die Möglichkeiten, sich zu versichern, geben soll. Ihr Berater erklärt Ihnen aber sicher gerne sämtliche Details und Ausnahmen von Versicherungen.

Versicherungen sollten immer zum individuellen Bedarf der zu versichernden Person passen. Der Abschluss von Versicherungen ist Vertrauenssache.

Sie sollten sich daher einen Berater suchen, dem Sie persönlich vertrauen und den Sie für kompetent halten.